Hot Chocolate And A Rainbow: Short Stories for Dutch Language Learners

Artici Bilingual Books

Published by Artici Bilingual Books, 2024.

HOT CHOCOLATE AND A RAINBOW: SHORT STORIES FOR DUTCH LANGUAGE LEARNERS

First edition. March 5, 2024.

Copyright © 2024 Artici Bilingual Books.

ISBN: 979-8224685844

Written by Artici Bilingual Books.

Table of Contents

De Theeclub

In het rustige stadje Lankveld, verscholen tussen groene heuvels en kabbelende beekjes, bloeide een bijzondere traditie voort: de Theeclub. Elke woensdagmiddag, wanneer de zon haar stralen door de kanten gordijnen van de oude herberg liet glippen, verzamelden zich een groepje vrienden rondom een tafel vol dampende theepotten en kleurrijke koekjes. Dit was hun heiligdom, een toevluchtsoord voor de zielen die verlangden naar gezelschap en warmte.

Anna, een dame van middelbare leeftijd met een glimlach die diepe lijntjes in haar gezicht had achtergelaten, was de bezielende kracht achter de Theeclub. Ze begon de traditie jaren geleden, toen ze net in Lankveld was komen wonen en zich eenzaam voelde in de nieuwe omgeving. Nu, jaren later, was de Theeclub uitgegroeid tot een instituut waar vriendschap werd gesmeed en herinneringen werden gebrouwen.

Op een winderige woensdagmiddag, terwijl de herfstblaadjes dansten op de melodie van de wind, kwamen de leden van de Theeclub bijeen voor hun wekelijkse bijeenkomst. Anna begroette hen met haar gebruikelijke hartelijkheid, haar ogen twinkelden achter haar ronde bril.

Onder de leden van de Theeclub bevonden zich verschillende kleurrijke karakters. Er was Frans, de gepensioneerde postbode met zijn altijd aanwezige pet en bulderende lach. Dan was er Martine, de verlegen bibliothecaresse die haar liefde voor boeken deelde met haar liefde voor thee. En natuurlijk was daar nog Johan, de jonge kunstenaar die altijd een vleugje mysterie met zich mee leek te dragen.

Deze middag bracht echter een onverwachte gast naar de Theeclub: Lisa, een nieuwkomer in Lankveld die op zoek was naar verbinding in haar nieuwe thuis. Met een verlegen glimlach nam ze plaats aan de tafel, haar handen trillend om het delicate theekopje vast te houden.

Anna, altijd bereid om nieuwkomers met open armen te ontvangen, knikte bemoedigend naar Lisa en schonk haar een kopje thee in. Al snel ontdooide de sfeer en begonnen de gesprekken te stromen als de thee zelf. Frans deelde grappen over zijn tijd als postbode, Martine raakte verwikkeld in een gepassioneerd gesprek over haar favoriete boeken, en Johan liet hints vallen over zijn nieuwste kunstproject.

Lisa luisterde aandachtig naar de verhalen van haar nieuwe vrienden, haar hart verwarmd door de oprechte vriendschap die ze voelde in deze kleine, gezellige herberg. Ze vertelde over haar eigen avonturen, haar reizen door verre landen en haar zoektocht naar een thuis weg van huis.

Terwijl de middag vorderde en de zon langzaam onderging achter de heuvels, voelden de leden van de Theeclub een band ontstaan die sterker was dan woorden. Ze waren geen vreemden meer, maar zielsverwanten verbonden door de eeuwenoude traditie van thee drinken en verhalen delen.

Toen de klok het einde van de middag aankondigde, stonden de vrienden met tegenzin op van de tafel, wetende dat ze volgende week weer zouden samenkomen voor meer thee en meer verhalen. Terwijl ze afscheid namen en de herberg verlieten, voelden ze zich vervuld door de warmte van vriendschap en de kracht van traditie.

En zo ging het verhaal van de Theeclub voort, gedreven door de kracht van vriendschap en de schoonheid van traditie, in het rustige stadje Lankveld, verscholen tussen groene heuvels en kabbelende beekjes.

The Tea Club

In the tranquil town of Lankveld, nestled among green hills and babbling brooks, a special tradition thrived: the Tea Club. Every Wednesday afternoon, when the sun slipped its rays through the lace curtains of the old inn, a group of friends gathered around a table filled with steaming teapots and colorful biscuits. This was their sanctuary, a refuge for souls longing for companionship and warmth.

Anna, a middle-aged lady with a smile that had etched deep lines into her face, was the driving force behind the Tea Club. She started the tradition years ago, when she had just moved to Lankveld and felt lonely in the new surroundings. Now, years later, the Tea Club had grown into an institution where friendship was forged and memories were brewed.

On a windy Wednesday afternoon, while autumn leaves danced to the melody of the wind, the members of the Tea Club gathered for their weekly meeting. Anna greeted them with her usual warmth, her eyes twinkling behind her round glasses.

Among the members of the Tea Club were various colorful characters. There was Frans, the retired postman with his ever-present cap and booming laugh. Then there was Martine, the shy librarian who shared her love for books with her love for tea. And of course, there was Johan, the young artist who always seemed to carry a hint of mystery with him.

This afternoon, however, brought an unexpected guest to the Tea Club: Lisa, a newcomer to Lankveld who was seeking connection in her new home. With a shy smile, she took a seat at the table, her hands trembling as she held the delicate teacup.

Anna, always willing to welcome newcomers with open arms, nodded encouragingly to Lisa and poured her a cup of tea. Soon, the atmosphere thawed, and the conversations began to flow like the tea itself. Frans shared jokes about his time as a postman, Martine became engrossed in a passionate discussion about her favorite books, and Johan dropped hints about his latest art project.

Lisa listened attentively to the stories of her new friends, her heart warmed by the genuine friendship she felt in this small, cozy inn. She shared her own adventures, her travels to distant lands, and her search for a home away from home.

As the afternoon progressed and the sun slowly set behind the hills, the members of the Tea Club felt a bond forming that was stronger than words. They were no longer strangers, but kindred spirits bound by the age-old tradition of drinking tea and sharing stories.

When the clock announced the end of the afternoon, the friends reluctantly rose from the table, knowing that they would come together again next week for more tea and more stories. As they said their goodbyes and left the inn, they felt filled with the warmth of friendship and the power of tradition.

And so the story of the Tea Club continued, driven by the power of friendship and the beauty of tradition, in the tranquil town of Lankveld, nestled among green hills and babbling brooks.

Het Geheim van de Kattenverzorger

In het slaperige stadje Zonneland, waar de zon altijd lijkt te schijnen en de geur van bloemen de straten vult, woonde een man met een geheim. Niemand kende zijn ware identiteit; hij was slechts bekend als de kattenverzorger. Zijn dagen bracht hij door met het verzorgen van de vele zwerfkatten die de straten van Zonneland bevolkten, maar achter zijn eenvoudige façade schuilde een mysterie dat wachtte om ontrafeld te worden.

De kattenverzorger, wiens echte naam niemand kende, was een raadselachtige figuur. Hij zwierf door de straten van Zonneland, zijn oude jas fladderend in de wind terwijl hij de katten voedde en verzorgde. Zijn ogen, verborgen achter een donkere zonnebril, leken altijd te twinkelen met een geheimzinnige gloed.

Op een ochtend, toen de straten nog in de greep waren van de ochtenddauw en de eerste zonnestralen de daken van Zonneland begroetten, ontwaakte een jonge vrouw genaamd Eva met een nieuwsgierigheid die haar niet losliet. Ze had de kattenverzorger vaak gezien tijdens haar wandelingen door de stad en was gefascineerd door de mysterieuze aura die hem leek te omringen.

Met vastberaden tred begaf Eva zich naar het park waar de kattenverzorger vaak werd gezien. Daar vond ze hem, omringd door een troep katten die zich aan zijn voeten hadden verzameld. Ze aarzelde even voordat ze op hem afstapte, haar hart bonzend van opwinding en nervositeit.

De kattenverzorger keek op toen Eva naderde, zijn donkere zonnebril verborgen achter een wolk van mysterie. "Goedemorgen," begroette hij haar met een stem die klonk als een zachte bries. "Wat brengt jou naar mijn bescheiden koninkrijk?"

Eva slikte haar zenuwen weg en stak haar hand uit naar de kattenverzorger. "Ik ben Eva," stelde ze zichzelf voor. "Ik heb je vaak gezien terwijl je voor de katten zorgt, en ik ben nieuwsgierig naar jouw verhaal."

De kattenverzorger glimlachte, een glimlach die diepere geheimen leek te verbergen dan Eva kon bevatten. "Mijn verhaal is er een van mysterie en magie, jonge Eva," antwoordde hij. "Maar wees gewaarschuwd, sommige geheimen zijn beter begraven."

Eva liet zich niet afschrikken door de woorden van de kattenverzorger. Haar nieuwsgierigheid brandde feller dan ooit tevoren, en ze was vastbesloten om de waarheid te achterhalen, hoe gevaarlijk die ook mocht zijn.

Gedurende de volgende weken zette Eva haar queeste voort om het geheim van de kattenverzorger te ontrafelen. Ze volgde hem door de straten van Zonneland, observeerde hem vanuit de schaduwen terwijl hij met de katten sprak en zorgde voor hun welzijn. Maar hoe meer ze te weten kwam, hoe meer vragen ze had.

Op een stormachtige avond, toen de lucht zwanger was van dreigende wolken en de katten zich verscholen onder afdaken en struiken, ontving Eva een mysterieuze uitnodiging. Een brief, geschreven op vergeeld papier en verzegeld met een wazig zegel, nodigde haar uit naar een afgelegen landhuis aan de rand van de stad.

Met bonzend hart begaf Eva zich naar het landhuis, haar ogen op scherp voor tekenen van gevaar. Maar toen ze de drempel overschreed, werd ze begroet door een verrassende aanblik: de kattenverzorger, gehuld in een mantel van duisternis, wachtte haar op in de hal.

"Je hebt mijn uitnodiging ontvangen," zei de kattenverzorger, zijn stem gedempt door de stilte van het landhuis. "Ik heb je hierheen geroepen omdat ik weet dat je vastbesloten bent om de waarheid te achterhalen."

Eva knikte, haar ogen vastberaden. "Ik wil weten wie je bent, wat je geheim is," verklaarde ze met een vastberadenheid die haar verraste.

De kattenverzorger glimlachte, een glimlach die het duister leek te verdrijven en de waarheid te omarmen. "Mijn geheim is eenvoudig, Eva," zei hij. "Ik ben geen gewone man, maar een bewaker van oude magieën die de katten van Zonneland beschermen tegen duistere krachten."

Eva staarde de kattenverzorger aan, haar geest tolde van de onthulling. "Magie?" stamelde ze, haar stem slechts een fluistering in de stilte van het landhuis.

De kattenverzorger knikte, zijn ogen glinsterend in het schijnsel van de maan die door de ramen van het landhuis scheen. "Ja, magie," bevestigde hij. "En nu je de waarheid kent, is het aan jou om te beslissen wat je ermee doet."

Met een gevoel van ontzag en verwondering in haar hart keerde Eva terug naar de straten van Zonneland, haar geest vervuld van de wetenschap dat ze deel uitmaakte van een wereld die veel groter was dan ze ooit had durven dromen. En terwijl de katten verzamelden rond haar voeten en de zon haar stralen wierp over de slapende stad, wist ze dat ze haar eigen avontuur nog maar net was begonnen.

The Secret of the Cat Caretaker

In the sleepy town of Sunland, where the sun always seems to shine and the scent of flowers fills the streets, lived a man with a secret. No one knew his true identity; he was only known as the cat caretaker. His days were spent caring for the many stray cats that populated the streets of Sunland, but behind his simple facade lay a mystery waiting to be unraveled.

The cat caretaker, whose real name no one knew, was a mysterious figure. He roamed the streets of Sunland, his old coat fluttering in the wind as he fed and cared for the cats. His eyes, hidden behind dark sunglasses, always seemed to twinkle with a mysterious glow.

One morning, as the streets were still gripped by morning dew and the first rays of sunshine greeted the rooftops of Sunland, a young woman named Eva awoke with a curiosity that would not leave her. She had often seen the cat caretaker during her walks through the town and was fascinated by the mysterious aura that seemed to surround him.

With determined steps, Eva made her way to the park where the cat caretaker was often seen. There she found him, surrounded by a troop of cats that had gathered at his feet. She hesitated for a moment before approaching him, her heart pounding with excitement and nervousness.

The cat caretaker looked up as Eva approached, his dark sunglasses hidden behind a cloud of mystery. "Good morning," he greeted her with a voice that sounded like a soft breeze. "What brings you to my humble kingdom?"

Eva swallowed her nerves and reached out her hand to the cat caretaker. "I'm Eva," she introduced herself. "I have seen you often while you care for the cats, and I am curious about your story."

The cat caretaker smiled, a smile that seemed to hide deeper secrets than Eva could comprehend. "My story is one of mystery and magic, young Eva," he replied. "But be warned, some secrets are better left buried."

Eva was not deterred by the cat caretaker's words. Her curiosity burned brighter than ever, and she was determined to uncover the truth, no matter how dangerous it might be.

Over the following weeks, Eva continued her quest to unravel the secret of the cat caretaker. She followed him through the streets of Sunland, observing him from the shadows as he spoke to the cats and cared for their well-being. But the more she learned, the more questions she had.

On a stormy evening, when the sky was pregnant with threatening clouds and the cats hid under awnings and bushes, Eva received a mysterious invitation. A letter, written on yellowed paper and sealed with a blurry seal, invited her to a remote mansion on the outskirts of town.

With a pounding heart, Eva made her way to the mansion, her eyes sharp for signs of danger. But when she crossed the threshold, she was greeted by a surprising sight: the cat caretaker, cloaked in a mantle of darkness, awaited her in the hall.

"You have received my invitation," said the cat caretaker, his voice muffled by the silence of the mansion. "I have called you here because I know you are determined to uncover the truth."

Eva nodded, her eyes determined. "I want to know who you are, what your secret is," she declared with a determination that surprised her.

The cat caretaker smiled, a smile that seemed to dispel the darkness and embrace the truth. "My secret is simple, Eva," he said. "I am not an ordinary man, but a guardian of ancient magics that protect the cats of Sunland from dark forces."

Eva stared at the cat caretaker, her mind reeling from the revelation. "Magic?" she stammered, her voice barely a whisper in the silence of the mansion.

The cat caretaker nodded, his eyes gleaming in the moonlight that shone through the windows of the mansion. "Yes, magic," he confirmed. "And now that you know the truth, it is up to you to decide what you will do with it."

With a sense of awe and wonder in her heart, Eva returned to the streets of Sunland, her mind filled with the knowledge that she was part of a world much larger than she had ever dared to dream. And as the cats gathered around her feet and the sun cast its rays over the sleeping town, she knew that her own adventure had only just begun.

Een Dag in het Leven van Meneer Van Dijk en zijn Bijzondere Bakkerij

Meneer Van Dijk was een man van routine. Elke ochtend stond hij vroeg op, trok zijn schort aan en begaf zich naar zijn bakkerij aan de rand van de stad. Zijn bakkerij was geen gewone bakkerij; het was een magische plek waar de geuren van versgebakken brood en zoete lekkernijen de straten vulden en de harten van de mensen verwarmden.

Het was een zonnige ochtend toen Meneer Van Dijk zijn bakkerij binnenstapte, klaar voor een nieuwe dag vol bakplezier en magische ontdekkingen. Hij begroette zijn trouwe assistent, Bakker Karel, met een warme glimlach en begon met het kneden van het deeg voor zijn beroemde kaneelbroodjes, die bekend stonden als de beste in de hele stad.

Terwijl het deeg langzaam rees en de kaneelgeur zich verspreidde door de bakkerij, werd Meneer Van Dijk bezocht door een bonte stoet van kleurrijke personages. Er was Mevrouw De Vries, de oude dame met haar krakende stem en haar voorliefde voor versgebakken taart, en de jonge Tim, wiens ogen zo groot werden als schoteltjes bij het zien van de kleurrijke gebakjes in de vitrine.

Maar het meest bijzondere van alles was de komst van de mysterieuze Vreemdeling, een man gehuld in een lange mantel die zijn gezicht verborg achter een brede hoed. De Vreemdeling was een vaste klant van de bakkerij van Meneer Van Dijk, maar niemand wist waar hij vandaan kwam of wat hij precies deed.

Op deze bijzondere dag leek er echter iets anders aan de hand te zijn met de Vreemdeling. Hij fluisterde geheimzinnig met Meneer Van Dijk, zijn stem gedempt door de drukte van de bakkerij, en legde iets in de hand van de bakker voordat hij haastig vertrok, zijn lange mantel wapperend achter hem aan.

Met een frons keek Meneer Van Dijk naar het voorwerp dat de Vreemdeling in zijn hand had achtergelaten. Het was een oud boek, gebonden in leer en versleten door de tand des tijds. Nieuwsgierig opende hij het boek en begon te bladeren door de vergeelde pagina's, zijn ogen stralend van opwinding bij het zien van de geheimen die het bevatte.

Terwijl de dag vorderde en de klanten hun favoriete lekkernijen uitkozen, bleef Meneer Van Dijk gefascineerd door het oude boek. Het bleek een verzameling te zijn van recepten uit vervlogen tijden, geschreven in een taal die hij maar nauwelijks kon ontcijferen. Maar hoe meer hij las, hoe meer hij begreep dat deze recepten iets bijzonders waren, iets magisch dat verder ging dan de gewone bakkerij.

Met een plotselinge ingeving besloot Meneer Van Dijk om een van de recepten uit het oude boek te proberen. Hij mengde de ingrediënten met zorg en plaatste het deeg in de oven, terwijl hij vol spanning afwachtte wat er zou gebeuren. En tot zijn verbazing begon de bakkerij te trillen en te schudden, terwijl de geuren van het gebak zich vermengden met een vleugje magie die de lucht vulde.

Toen het baksel eindelijk uit de oven kwam, bleek het een wonderbaarlijke lekkernij te zijn: een taart die glinsterde als de sterren aan de nachtelijke hemel en een smaak had die de zintuigen betoverde. De klanten stonden versteld van het magische gebak en Meneer Van Dijk werd al snel geprezen als de beste bakker in de hele stad.

Maar het meest bijzondere van alles was het besef dat Meneer Van Dijk had gekregen: dat er meer was in het leven dan alleen routine en gewoonte, en dat magie overal te vinden was voor wie er maar in geloofde. En terwijl de zon langzaam onderging achter de horizon en de laatste klanten de bakkerij verlieten, wist Meneer Van Dijk dat hij nooit meer dezelfde zou zijn, dankzij de bijzondere gebeurtenissen van deze ene dag in zijn leven.

A Day in the Life of Mr. Van Dijk and His Remarkable Bakery

Mr. Van Dijk was a man of routine. Every morning, he would rise early, don his apron, and make his way to his bakery on the outskirts of town. His bakery was no ordinary bakery; it was a magical place where the scents of freshly baked bread and sweet treats filled the streets and warmed people's hearts.

It was a sunny morning when Mr. Van Dijk stepped into his bakery, ready for a new day filled with baking delights and magical discoveries. He greeted his faithful assistant, Baker Karel, with a warm smile and began kneading the dough for his famous cinnamon rolls, known as the best in the entire town.

As the dough slowly rose and the scent of cinnamon spread through the bakery, Mr. Van Dijk was visited by a colorful cast of characters. There was Mrs. De Vries, the old lady with her creaky voice and her fondness for freshly baked pie, and young Tim, whose eyes widened like saucers at the sight of the colorful pastries in the display case.

But most remarkable of all was the arrival of the mysterious Stranger, a man clad in a long coat who hid his face behind a broad hat. The Stranger was a regular customer at Mr. Van Dijk's bakery, but no one knew where he came from or what he exactly did.

On this particular day, however, something seemed different about the Stranger. He whispered mysteriously with Mr. Van Dijk, his voice muffled by the bustle of the bakery, and left something in the baker's hand before hastily departing, his long coat billowing behind him.

With a furrowed brow, Mr. Van Dijk looked at the object the Stranger had left behind. It was an old book, bound in leather and worn by the ravages of time. Curiously, he opened the book and began flipping through the yellowed pages, his eyes shining with excitement at the secrets it held.

As the day progressed and the customers chose their favorite treats, Mr. Van Dijk remained fascinated by the old book. It turned out to be a collection of recipes from times long past, written in a language he could barely decipher. But the more he read, the more he understood that these recipes were something special, something magical that went beyond the ordinary bakery.

With a sudden inspiration, Mr. Van Dijk decided to try one of the recipes from the old book. He carefully mixed the ingredients and placed the dough in the oven, eagerly awaiting what would happen. And to his amazement, the bakery began to tremble and shake as the scents of the baked goods mingled with a touch of magic that filled the air.

When the baked goods finally emerged from the oven, they turned out to be a miraculous treat: a cake that sparkled like the stars in the night sky and had a flavor that enchanted the senses. The customers were amazed by the magical baked goods, and Mr. Van Dijk was soon hailed as the best baker in the entire town.

But most remarkable of all was the realization that Mr. Van Dijk had gained: that there was more to life than just routine and habit, and that magic could be found everywhere for those who believed. And as the sun slowly set behind the horizon and the last customers left the bakery, Mr. Van Dijk knew that he would never be the same again, thanks to the remarkable events of this one day in his life.

Een Zonnige Dag op het Plaatselijke Parkbankje

Het was een prachtige zomerdag in de stad, en het lokale park was vervuld van de geluiden van fluitende vogels, zoemende insecten en het vrolijke gelach van spelende kinderen. De zon scheen fel aan de hemel, en een zachte bries zorgde voor verkoeling in de warme lucht. In het midden van het park stond een oud, verweerd parkbankje, omringd door kleurrijke bloemen en wuivende bomen.

Op deze stralende dag zat Jan op het parkbankje, een man van middelbare leeftijd met een rustige uitstraling en vriendelijke ogen. Hij genoot van de warmte van de zon op zijn gezicht en de rustgevende geluiden van de natuur om hem heen. Het park was zijn favoriete plek om tot rust te komen en zijn gedachten te ordenen na een drukke dag op het werk.

Terwijl Jan zat te genieten van de rust, kwam er plotseling een jonge vrouw naar het parkbankje toe. Ze had een vriendelijk gezicht en een speelse glimlach, en haar ogen straalden van opwinding. Jan keek op en glimlachte naar de vrouw, nieuwsgierig naar haar verhaal.

De vrouw, genaamd Sophie, vertelde Jan dat ze voor het eerst in lange tijd weer in de stad was en dat ze op zoek was naar wat rust en ontspanning. Ze was net teruggekeerd van een lange reis naar verre landen, waar ze had rondgereisd en nieuwe avonturen had beleefd. Nu verlangde ze ernaar om even te pauzeren en te genieten van de schoonheid van haar eigen stad.

Jan knikte begrijpend en nodigde Sophie uit om naast hem op het parkbankje te komen zitten. Ze nam plaats naast hem en samen genoten ze van het uitzicht op het park en de kalmerende geluiden van de natuur om hen heen. Ze praatten over hun levens, hun dromen en hun avonturen, en al snel voelden ze zich verbonden door hun gedeelde liefde voor rust en stilte.

Terwijl ze zaten te praten, kwamen er nog meer mensen naar het parkbankje toe. Er was een oudere man die zijn hond uitliet, een jong stel dat hand in hand wandelde en een groepje vrienden dat luidruchtig lachte en grapjes maakte. Maar ondanks de drukte om hen heen, voelden Jan en Sophie zich alsof ze hun eigen kleine wereldje hadden gecreëerd op het parkbankje, waar ze even konden ontsnappen aan de hectiek van het dagelijks leven.

Na een tijdje nam Sophie afscheid van Jan en bedankte hem voor het gezelschap. Ze beloofde om nog eens terug te komen naar het park en samen te genieten van de rust en de schoonheid van de natuur. Jan glimlachte en zwaaide haar vriendelijk na, blij dat hij een nieuwe vriend had gemaakt op deze zonnige dag in het plaatselijke park.

En terwijl de zon langzaam onderging aan de horizon en de geluiden van de stad langzaam vervaagden, wist Jan dat hij altijd een speciale plek in zijn hart zou hebben voor het parkbankje en de onverwachte ontmoetingen die hij daar had gehad.

A Sunny Day on the Local Park Bench

It was a beautiful summer day in the city, and the local park was filled with the sounds of chirping birds, buzzing insects, and the cheerful laughter of playing children. The sun shone brightly in the sky, and a gentle breeze provided relief in the warm air. In the middle of the park stood an old, weathered park bench, surrounded by colorful flowers and swaying trees.

On this radiant day, Jan sat on the park bench, a middle-aged man with a calm demeanor and friendly eyes. He enjoyed the warmth of the sun on his face and the soothing sounds of nature around him. The park was his favorite place to unwind and clear his thoughts after a busy day at work.

As Jan sat enjoying the peace, a young woman suddenly approached the park bench. She had a friendly face and a playful smile, and her eyes sparkled with excitement. Jan looked up and smiled at the woman, curious about her story.

The woman, named Sophie, told Jan that she was back in the city for the first time in a long while and was seeking some peace and relaxation. She had just returned from a long journey to distant lands, where she had traveled and experienced new adventures. Now she longed to take a break and enjoy the beauty of her own city.

Jan nodded understandingly and invited Sophie to sit next to him on the park bench. She took a seat beside him, and together they enjoyed the view of the park and the calming sounds of nature around them. They talked about their lives, their dreams, and their adventures, and soon they felt connected by their shared love for peace and quiet.

As they sat chatting, more people came to the park bench. There was an elderly man walking his dog, a young couple strolling hand in hand, and a group of friends laughing and joking loudly. But despite the hustle and bustle around them, Jan and Sophie felt as if they had created their own little world on the park bench, where they could escape the hectic pace of daily life.

After a while, Sophie bid farewell to Jan and thanked him for the company. She promised to come back to the park and enjoy the peace and beauty of nature together. Jan smiled and waved her goodbye, grateful for having made a new friend on this sunny day in the local park. And as the sun slowly set on the horizon and the sounds of the city faded away, Jan knew that he would always have a special place in his heart for the park bench and the unexpected encounters he had there.

Het Geheim van de Verloren Schat

In een rustig dorpje aan de rand van het bos woonde een groepje kinderen genaamd Tim, Lisa, en Lars. Ze waren de beste vrienden en brachten hun dagen door met het verkennen van de bossen en velden rondom hun dorp, op zoek naar avontuur en opwinding. Op een warme zomerdag, terwijl ze door het bos struinden, ontdekten ze een oud, verweerd kistje verstopt tussen de struiken. Hun nieuwsgierigheid was meteen gewekt, en ze besloten om het kistje te openen en te ontdekken wat voor geheimen het verborg.

Met trillende handen openden ze het kistje en tot hun verbazing vonden ze een oude kaart die leek te wijzen naar een verborgen schat ergens diep in het bos. Hun harten bonsden van opwinding bij het idee van het vinden van een echte schat, en ze besloten om meteen op zoek te gaan naar de plek die op de kaart stond aangegeven.

Samen trokken ze dieper het bos in, langs kronkelende paden en overgroeide paden, op zoek naar aanwijzingen die hen naar de verborgen schat zouden leiden. Onderweg kwamen ze langs oude ruïnes en verlaten grotten, elk met hun eigen geheimen en mysteries. Maar ze lieten zich niet afleiden en bleven vastberaden zoeken naar de schat die hen beloofd was.

Na vele uren van zoeken en speuren, vonden ze eindelijk de plek die op de kaart stond aangegeven: een oude eik met een holle stam, verstopt in een afgelegen deel van het bos. Met kloppende harten en trillende handen begonnen ze te graven onder de boom, in de hoop de schat te vinden die daar verborgen lag.

Tot hun vreugde stuitten ze al snel op een oude kist die diep begraven lag onder de aarde. Met opwinding in hun ogen openden ze de kist en ontdekten ze een schat aan glinsterende munten, fonkelende edelstenen en kostbare sieraden die eeuwenlang verborgen waren geweest.

Met een glimlach op hun gezichten en hun harten vervuld van vreugde, keerden Tim, Lisa, en Lars terug naar hun dorp, vastbesloten om hun avonturen met de andere kinderen te delen en samen te genieten van de schat die ze hadden gevonden. En terwijl de zon onderging aan de horizon en de sterren aan de hemel verschenen, wisten ze dat ze voor altijd zouden blijven dromen van nieuwe avonturen en de opwinding van het vinden van verborgen schatten in de wereld om hen heen.

The Secret of the Lost Treasure

In a quiet village on the edge of the forest lived a group of children named Tim, Lisa, and Lars. They were the best of friends and spent their days exploring the woods and fields around their village, searching for adventure and excitement. On a warm summer day, while wandering through the forest, they discovered an old, weathered chest hidden among the bushes. Their curiosity was immediately piqued, and they decided to open the chest and uncover the secrets it held.

With trembling hands, they opened the chest and to their amazement found an old map that seemed to point to a hidden treasure somewhere deep in the forest. Their hearts pounded with excitement at the thought of finding a real treasure, and they decided to set out immediately in search of the location indicated on the map.

Together, they ventured deeper into the forest, along winding paths and overgrown trails, searching for clues that would lead them to the hidden treasure. Along the way, they passed old ruins and abandoned caves, each with their own secrets and mysteries. But they did not let themselves be distracted and remained determined to search for the treasure promised to them.

After many hours of searching and scouring, they finally found the spot indicated on the map: an old oak tree with a hollow trunk, hidden in a remote part of the forest. With pounding hearts and trembling hands, they began to dig beneath the tree, hoping to find the treasure buried there.

To their delight, they soon came across an old chest buried deep in the earth. With excitement in their eyes, they opened the chest and discovered a treasure trove of glittering coins, sparkling gemstones, and precious jewelry that had been hidden for centuries.

With smiles on their faces and their hearts filled with joy, Tim, Lisa, and Lars returned to their village, determined to share their adventures with the other children and enjoy the treasure they had found together. And as the sun set on the horizon and the stars appeared in the sky, they knew that they would always continue to dream of new adventures and the excitement of finding hidden treasures in the world around them.

De Roze Fiets

In een slaperig stadje aan de rand van de duinen, waar de geur van zoute zeelucht altijd in de lucht hing, woonde een jonge vrouw genaamd Sophie. Sophie was een kleurrijk personage in een wereld van grijze gebouwen en geplaveide straten. Haar liefde voor het leven werd weerspiegeld in haar eigenzinnige stijl en haar trouwe metgezel, een oude roze fiets die ze liefkozend haar "roze ros" noemde.

De roze fiets was meer dan alleen een vervoermiddel voor Sophie; het was een symbool van vrijheid en avontuur, een trouwe metgezel op haar reizen door de kronkelende straatjes van het stadje en langs de uitgestrekte kustlijn van de zee. Met de wind in haar haren en de zon op haar gezicht voelde Sophie zich vrij en levendig, klaar voor alles wat het leven haar te bieden had.

Op een warme zomerdag, terwijl Sophie door de straten van het stadje fietste op haar roze ros, werd haar aandacht getrokken door een kleurrijk affiche dat aan een lantaarnpaal hing. Het was een aankondiging voor een lokale fietswedstrijd die zou plaatsvinden aan de rand van de duinen, met prijzen voor de snelste rijders en de meest unieke fietsen.

Met een vonk van opwinding in haar ogen besloot Sophie om deel te nemen aan de fietswedstrijd, vastbesloten om te laten zien wat haar geliefde roze fiets kon doen. Ze besteedde de dagen die volgden aan het trainen op haar fiets, haar spieren aanspannend en haar uithoudingsvermogen opbouwend in afwachting van de grote dag.

Eindelijk brak de dag van de fietswedstrijd aan, en het stadje bruiste van opwinding terwijl deelnemers van alle leeftijden en achtergronden zich verzamelden aan de startlijn. Sophie voelde haar hart bonzen van opwinding terwijl ze naar de menigte keek, haar roze fiets glinsterend in de zon terwijl ze klaarstond om haar vaardigheden te tonen.

Het startschot klonk en de fietsers schoten weg, hun fietsen ratelend over het plaveisel terwijl ze zich een weg baanden door de straten van het stadje en de uitgestrekte duinen. Sophie voelde de adrenaline door haar aderen stromen terwijl ze zich een weg baande door het parcours, haar roze fiets als een verlengstuk van zichzelf, gehoorzaam aan haar elke beweging.

Terwijl de race vorderde, voelde Sophie de opwinding van de strijd om haar heen terwijl ze haar medefietsers uitdaagde en haar kracht en behendigheid op de proef stelde. Maar te midden van de chaos van de wedstrijd, hield ze haar ogen gericht op de finishlijn, vastbesloten om de overwinning te behalen en haar roze fiets trots te maken.

Uiteindelijk brak de finishlijn in zicht en met een laatste sprint over de laatste meters van het parcours, reed Sophie triomfantelijk over de eindstreep. Een golf van vreugde overspoelde haar terwijl ze haar roze fiets omhelsde, wetende dat ze de race had gewonnen en haar geliefde metgezel had laten zien aan de wereld.

Terwijl ze de felicitaties van haar medefietsers in ontvangst nam en haar prijs in ontvangst nam, voelde Sophie een gevoel van trots en voldoening dat haar hart vervulde. Haar roze fiets was niet zomaar een stuk metaal en rubber; het was een symbool van haar vastberadenheid en doorzettingsvermogen, een herinnering aan de kracht van dromen en de vreugde van avontuur.

En terwijl de zon onderging over het stadje en de laatste restjes van de fietswedstrijd werden opgeruimd, fietste Sophie weg op haar roze ros, haar hart vervuld van vreugde en haar geest vervuld van de herinnering aan haar overwinning.

The Pink Bicycle

In a sleepy town on the edge of the dunes, where the scent of salty sea air always lingered in the air, lived a young woman named Sophie. Sophie was a colorful character in a world of gray buildings and cobblestone streets. Her love for life was reflected in her quirky style and her faithful companion, an old pink bicycle she affectionately called her "pink steed." The pink bicycle was more than just a means of transportation for Sophie; it was a symbol of freedom and adventure, a loyal companion on her journeys through the winding streets of the town and along the vast coastline of the sea. With the wind in her hair and the sun on her face, Sophie felt free and alive, ready for whatever life had to offer.

On a warm summer day, as Sophie cycled through the streets of the town on her pink steed, her attention was caught by a colorful poster hanging on a lamppost. It was an announcement for a local bike race that would take place on the edge of the dunes, with prizes for the fastest riders and the most unique bikes.

With a spark of excitement in her eyes, Sophie decided to participate in the bike race, determined to show what her beloved pink bike could do. She spent the days that followed training on her bike, tightening her muscles and building her endurance in anticipation of the big day.

Finally, the day of the bike race arrived, and the town buzzed with excitement as participants of all ages and backgrounds gathered at the starting line. Sophie felt her heart pounding with excitement as she looked at the crowd, her pink bike sparkling in the sun as she prepared to showcase her skills.

The starting shot rang out, and the cyclists shot off, their bikes rattling over the cobblestones as they made their way through the streets of the town and the sprawling dunes. Sophie felt the adrenaline coursing through her veins as she navigated the course, her pink bike like an extension of herself, obedient to her every movement.

As the race progressed, Sophie felt the excitement of the competition around her as she challenged her fellow cyclists and put her strength and agility to the test. But amid the chaos of the race, she kept her eyes on the finish line, determined to claim victory and make her pink bike proud.

Eventually, the finish line loomed into sight, and with a final sprint over the last meters of the course, Sophie triumphantly crossed the finish line. A wave of joy washed over her as she embraced her pink bike, knowing that she had won the race and shown her beloved companion to the world.

As she accepted the congratulations of her fellow cyclists and received her prize, Sophie felt a sense of pride and satisfaction that filled her heart. Her pink bike was not just a piece of metal and rubber; it was a symbol of her determination and perseverance, a reminder of the power of dreams and the joy of adventure.

And as the sun set over the town and the last remnants of the bike race were cleared away, Sophie rode off on her pink steed, her heart filled with joy and her mind filled with the memory of her victory.

Warme Chocolademelk en een Regenboog

In een schilderachtig dorpje aan de rand van het bos woonde een jonge vrouw genaamd Lisa. Lisa was een dromerig type, met een levendige verbeelding en een liefde voor kleine vreugdes in het leven. Haar favoriete tijd van het jaar was de herfst, wanneer de bladeren begonnen te verkleuren en de lucht gevuld was met de geur van versgebakken appeltaart.

Op een koude herfstdag, terwijl de regen zachtjes tegen de ramen tikte en de wind door de bomen fluisterde, besloot Lisa om een wandeling te maken door het bos. Ze trok haar warme jas aan, wikkelde een sjaal om haar nek en pakte een thermoskan gevuld met romige warme chocolademelk voordat ze de deur uitliep.

Terwijl ze door het bos liep, voelde Lisa de rustgevende rust van de natuur om haar heen. De bomen wiegden zachtjes in de wind en de bladeren dwarrelden als regendruppels naar beneden, hun kleuren veranderend van groen naar rood, geel en oranje. Het was alsof de hele wereld werd geschilderd met de penseelstreken van de herfst.

Plotseling stopte Lisa toen ze een flits van kleur zag tussen de bomen. Ze liep nieuwsgierig verder en ontdekte een prachtige regenboog die aan de horizon verscheen, zijn levendige kleuren schitterend tegen de donkere lucht. Het was een betoverend gezicht dat Lisa's hart deed zingen van vreugde.

Terwijl ze naar de regenboog keek, voelde Lisa een plotselinge drang om iets te doen om het moment vast te leggen. Ze pakte haar thermoskan warme chocolademelk en schonk zichzelf een kopje in, de rijke geur van cacao vermengend met de frisse herfstlucht. Dan, met een glimlach op haar gezicht, hief ze haar kopje op naar de regenboog en maakte een toost op de schoonheid van de natuur.

Plotseling, terwijl Lisa daar stond te genieten van haar warme chocolademelk en het prachtige uitzicht op de regenboog, hoorde ze een geluid achter zich. Ze draaide zich om en zag een oudere man die rustig door het bos liep, zijn handen in zijn zakken en een glimlach op zijn gezicht.

"Goedemiddag," zei de man vriendelijk. "Wat een prachtige regenboog, nietwaar?"

Lisa knikte instemmend. "Ja, het is echt adembenemend. Het voelt bijna alsof het rechtstreeks uit een sprookjesboek komt."

De man glimlachte. "Soms is de werkelijkheid net zo betoverend als een sprookje, als je er maar voor openstaat."

Lisa glimlachte terug en knikte. Ze had altijd al een zwak gehad voor sprookjes en magie, en de gedachte dat de wereld om haar heen vol zat met wonderen en verrassingen vervulde haar met een gevoel van verwondering en opwinding.

Terwijl ze daar stonden te praten, ontdekten Lisa en de man dat ze veel gemeen hadden. Ze deelden verhalen over hun leven, hun dromen en hun liefde voor de natuur. En terwijl de middag vorderde en de regenboog langzaam vervaagde in de schemering, voelde Lisa een speciale band ontstaan tussen haar en de vriendelijke vreemdeling.

Uiteindelijk namen Lisa en de man afscheid, belovend elkaar weer te ontmoeten in het bos op een andere dag. Terwijl Lisa naar huis liep, voelde ze een warmte in haar hart die niet alleen afkomstig was van de chocolademelk in haar thermoskan, maar ook van de vriendschap die ze had gesloten en de magie van het moment dat ze had gedeeld.

En toen ze eindelijk thuis kwam en zich nestelde op de bank met een deken en een goed boek, voelde Lisa zich dankbaar voor de kleine vreugdes in het leven - een kopje warme chocolademelk, een prachtige regenboog en de vriendschap van een vriendelijke vreemdeling die ze had ontmoet in het bos. Want soms, dacht ze bij zichzelf terwijl ze een slokje nam van haar chocolademelk, zijn het juist de kleine dingen die het leven zo bijzonder maken.

Hot Chocolate and a Rainbow

In a picturesque village on the edge of the forest lived a young woman named Lisa. Lisa was a dreamy type, with a vivid imagination and a love for life's small joys. Her favorite time of year was autumn, when the leaves began to change color and the air was filled with the scent of freshly baked apple pie.

On a cold autumn day, while the rain gently tapped against the windows and the wind whispered through the trees, Lisa decided to take a walk through the forest. She put on her warm coat, wrapped a scarf around her neck, and grabbed a thermos filled with creamy hot chocolate before stepping out the door.

As she walked through the forest, Lisa felt the soothing calmness of nature surrounding her. The trees swayed gently in the wind and the leaves fluttered down like raindrops, their colors changing from green to red, yellow, and orange. It was as if the whole world was painted with the brushstrokes of autumn.

Suddenly, Lisa stopped as she caught a flash of color between the trees. She walked curiously forward and discovered a beautiful rainbow appearing on the horizon, its vibrant colors shining against the dark sky. It was an enchanting sight that made Lisa's heart sing with joy.

As she looked at the rainbow, Lisa felt a sudden urge to do something to capture the moment. She took out her thermos of hot chocolate and poured herself a cup, the rich scent of cocoa mingling with the fresh autumn air. Then, with a smile on her face, she raised her cup to the rainbow and made a toast to the beauty of nature.

Suddenly, as Lisa stood there enjoying her hot chocolate and the beautiful view of the rainbow, she heard a sound behind her. She turned around and saw an older man walking quietly through the forest, his hands in his pockets and a smile on his face.

"Good afternoon," the man said kindly. "What a beautiful rainbow, isn't it?"

Lisa nodded in agreement. "Yes, it's truly breathtaking. It almost feels like it's straight out of a fairy tale."

The man smiled. "Sometimes reality is just as enchanting as a fairy tale, if you're open to it."

Lisa smiled back and nodded. She had always had a weakness for fairy tales and magic, and the thought that the world around her was full of wonders and surprises filled her with a sense of wonder and excitement.

As they stood there talking, Lisa and the man discovered that they had much in common. They shared stories about their lives, their dreams, and their love for nature. And as the afternoon wore on and the rainbow slowly faded into the twilight, Lisa felt a special bond forming between her and the kind stranger.

Eventually, Lisa and the man said goodbye, promising to meet again in the forest on another day. As Lisa walked home, she felt a warmth in her heart that came not only from the hot chocolate in her thermos but also from the friendship she had formed and the magic of the moment she had shared.

And when she finally arrived home and nestled on the couch with a blanket and a good book, Lisa felt grateful for life's small joys - a cup of hot chocolate, a beautiful rainbow, and the friendship of a kind stranger she had met in the forest. Because sometimes, she thought to herself as she took a sip of her hot chocolate, it's the little things that make life so special.

Welterusten

In een rustig dorpje aan de rand van de Veluwe, waar de bomen fluisterden in de zachte avondbries en de sterren fonkelden aan de nachtelijke hemel, woonde een ouder echtpaar genaamd Willem en Margriet. Ze waren al vele jaren gelukkig getrouwd en genoten van de eenvoudige geneugten van het leven samen.

Willem en Margriet woonden in een gezellig huisje aan de rand van het dorp, omringd door een weelderige tuin vol kleurrijke bloemen en zoemende bijen. Hun dagen waren gevuld met eenvoudige rituelen en gelukkige momenten, zoals samen ontbijten aan de keukentafel, wandelingen maken door het bos en 's avonds genieten van de rust en stilte van hun huis.

Op een warme zomernacht, terwijl de maan hoog aan de hemel stond en de krekels zachtjes tjirpten in de tuin, zaten Willem en Margriet samen op de veranda, genietend van de rust en sereniteit van de avond. Ze luisterden naar het geluid van de nacht en lieten hun gedachten afdwalen naar lang vervlogen tijden.

Plotseling, te midden van de stilte van de nacht, hoorde Margriet een zacht geluid dat haar uit haar overpeinzingen haalde. Ze draaide zich om en zag een klein katje dat voorzichtig de veranda naderde, zijn ogen glinsterend in het maanlicht.

"Oh kijk, Willem," zei Margriet glimlachend, terwijl ze het katje naderbij zag sluipen. "Het lijkt erop dat we bezoek hebben van een nieuwsgierige kleine vriend."

Willem glimlachte en stond op van zijn stoel om het katje te begroeten. Het kleine dier wreef zich tegen zijn benen en spinde zachtjes terwijl hij zich nestelde tegen zijn hand.

"Hij lijkt verdwaald te zijn," merkte Willem op, terwijl hij het katje voorzichtig oppakte en het in zijn armen wiegde. "Misschien moeten we hem helpen om zijn weg terug te vinden naar huis."

Margriet knikte instemmend en stond op van haar stoel. Samen liepen ze naar binnen, het katje veilig in Willem's armen, en zetten ze een bakje melk voor hem neer in de keuken.

Terwijl het katje gretig begon te drinken, keken Willem en Margriet toe met warme glimlachen op hun gezichten. Het was een eenvoudig gebaar van vriendelijkheid, maar het vulde hun harten met vreugde en verbondenheid.

Toen het katje zijn dorst had gelest, keek het hen dankbaar aan en draaide zich om, klaar om verder te gaan met zijn avontuur. Willem en Margriet keken toe terwijl het katje de veranda af liep en verdween in de duisternis van de nacht.

"Goede reis, kleine vriend," fluisterde Margriet, terwijl ze het katje nakeek tot het uit het zicht verdwenen was. "Moge je veilig thuiskomen."

Willem legde een arm om haar heen en gaf haar een knuffel.

En terwijl de nacht vorderde en de wereld in rust en stilte gehuld werd, keerden Willem en Margriet terug naar hun veranda, hun harten vervuld van warmte en geluk.

Goodnight

In a quiet village on the edge of the Veluwe, where the trees whispered in the gentle evening breeze and the stars sparkled in the night sky, lived an elderly couple named Willem and Margriet. They had been happily married for many years and enjoyed the simple pleasures of life together. Willem and Margriet lived in a cozy cottage on the outskirts of the village, surrounded by a lush garden filled with colorful flowers and buzzing bees. Their days were filled with simple rituals and happy moments, such as having breakfast together at the kitchen table, taking walks through the forest, and enjoying the peace and quiet of their home in the evenings.

On a warm summer night, as the moon hung high in the sky and the crickets chirped softly in the garden, Willem and Margriet sat together on the porch, enjoying the tranquility and serenity of the evening. They listened to the sound of the night and let their thoughts drift to times long gone by.

Suddenly, amidst the silence of the night, Margriet heard a soft sound that interrupted her musings. She turned around and saw a small kitten cautiously approaching the porch, its eyes glistening in the moonlight.

"Oh look, Willem," Margriet said with a smile as she watched the kitten come closer. "It seems we have a visit from a curious little friend."

Willem smiled and got up from his chair to greet the kitten. The little animal rubbed against his legs and purred softly as it nestled against his hand.

"It seems like he's lost," Willem remarked, gently picking up the kitten and cradling it in his arms. "Perhaps we should help him find his way back home."

Margriet nodded in agreement and got up from her chair. Together, they walked inside, the kitten safely in Willem's arms, and set out a bowl of milk for him in the kitchen.

As the kitten eagerly began to drink, Willem and Margriet watched with warm smiles on their faces. It was a simple gesture of kindness, but it filled their hearts with joy and connection.

Once the kitten had quenched his thirst, he looked up at them gratefully and turned around, ready to continue his adventure. Willem and Margriet watched as the kitten walked off the porch and disappeared into the darkness of the night.

"Safe travels, little friend," Margriet whispered as she watched the kitten until it was out of sight. "May you find your way home safely."

Willem put an arm around her and gave her a hug.

And as the night wore on and the world was enveloped in peace and quiet, Willem and Margriet returned to their porch, their hearts filled with warmth and happiness.

De Lawaaierige Schoenen

In een levendige buurt van Amsterdam, waar de grachten glinsterden in de zon en de geur van versgebakken stroopwafels in de lucht hing, woonde een jonge vrouw genaamd Anna. Anna was een vrolijke en levendige persoonlijkheid, met een passie voor het ontdekken van nieuwe avonturen in de stad.

Anna was altijd op zoek naar nieuwe manieren om de wereld om haar heen te verkennen, en op een dag besloot ze om een wandeling te maken door de kleurrijke straten van haar buurt. Ze trok haar favoriete paar schoenen aan - een paar glanzende rode hakken die ze had gekocht op een rommelmarkt - en stapte naar buiten, klaar voor een dag vol ontdekkingen.

Terwijl Anna door de straten van Amsterdam liep, genoot ze van de levendige sfeer van de stad en de vriendelijke glimlachen van voorbijgangers. Maar al snel begon ze iets vreemds op te merken - een luid, bonkend geluid dat leek te komen van haar schoenen.

Verbaasd keek Anna naar beneden en realiseerde zich tot haar schrik dat haar rode hakken niet alleen opvielen vanwege hun heldere kleur, maar ook vanwege het luide bonzende geluid dat ze maakten bij elke stap die ze nam.

"Oh nee, niet weer," mompelde Anna, terwijl ze gefrustreerd probeerde het geluid te negeren. Maar hoe meer ze het probeerde te negeren, hoe luider het leek te worden, en al snel voelde ze zich zelfbewust en ongemakkelijk terwijl ze door de straten liep.

Gelukkig kwam Anna al snel een oude vriend tegen - een kunstenaar genaamd Piet - die haar zag worstelen met haar lawaaierige schoenen en meteen zijn hulp aanbood.

"Anna, mijn vriendin, wat is er aan de hand?" vroeg Piet bezorgd terwijl hij haar benaderde.

Anna zuchtte en wees naar haar schoenen. "Het zijn deze vreselijke rode hakken. Ze maken een vreselijk lawaai bij elke stap die ik neem, en ik heb geen idee hoe ik het moet stoppen."

Piet knikte begrijpend en bekeek de schoenen aandachtig. "Laat me eens kijken," zei hij terwijl hij zich bukte om ze van dichtbij te bekijken. Na een paar minuten onderzoek knikte hij goedkeurend en stond hij weer op.

"Ik denk dat ik een oplossing heb," zei Piet met een glimlach. "Kom met me mee naar mijn atelier en ik zal zien wat ik kan doen."

Dankbaar volgde Anna Piet naar zijn atelier, waar hij een verzameling kleurrijke verf en penselen tevoorschijn haalde. Met vaste hand begon hij de rode hakken van Anna's schoenen te beschilderen, terwijl hij zorgvuldig elke laag verf aanbracht met een geconcentreerde blik op zijn gezicht.

Na een paar uur van hard werken en creatieve experimenten, was Piet eindelijk tevreden met het resultaat. Hij draaide zich om naar Anna met een brede glimlach op zijn gezicht en overhandigde haar de schoenen.

"Probeer ze nu eens," zei hij opgewekt.

Anna deed de schoenen aan en zette aarzelend een paar stappen. Tot haar verbazing was het bonzende geluid verdwenen, vervangen door het zachte geluid van haar voetstappen tegen het plaveisel.

"Oh Piet, je hebt het voor elkaar gekregen!" riep Anna opgetogen uit, terwijl ze haar vriend omhelsde. "Dank je wel, je bent een echte kunstenaar!"

Piet glimlachte bescheiden en klopte haar op de rug. "Het was mijn genoegen, Anna. Ik ben blij dat ik kon helpen."

En zo, met haar nieuwe en verbeterde schoenen aan haar voeten, vervolgde Anna haar reis door de kleurrijke straten van Amsterdam, klaar voor nieuwe avonturen en ontdekkingen in de bruisende stad die ze thuis noemde.

The Noisy Shoes

In a lively neighborhood of Amsterdam, where the canals sparkled in the sun and the scent of freshly baked stroopwafels lingered in the air, lived a young woman named Anna. Anna was a cheerful and vibrant personality, with a passion for discovering new adventures in the city.

Anna was always looking for new ways to explore the world around her, and one day she decided to take a stroll through the colorful streets of her neighborhood. She put on her favorite pair of shoes - a pair of shiny red heels she had bought at a flea market - and stepped outside, ready for a day of discoveries.

As Anna walked through the streets of Amsterdam, she enjoyed the lively atmosphere of the city and the friendly smiles of passersby. But soon she began to notice something strange - a loud, thumping sound that seemed to be coming from her shoes.

Surprised, Anna looked down and realized with horror that her red heels were not only noticeable because of their bright color, but also because of the loud thumping noise they made with every step she took.

"Oh no, not again," muttered Anna, as she frustratedly tried to ignore the sound. But the more she tried to ignore it, the louder it seemed to get, and soon she felt self-conscious and uncomfortable as she walked through the streets.

Fortunately, Anna soon ran into an old friend - an artist named Piet - who saw her struggling with her noisy shoes and immediately offered his help.

"Anna, my friend, what's wrong?" asked Piet concernedly as he approached her.

Anna sighed and pointed to her shoes. "It's these awful red heels. They make a terrible noise with every step I take, and I have no idea how to stop it."

Piet nodded understandingly and examined the shoes carefully. "Let me take a look," he said, bending down to inspect them up close. After a few minutes of examination, he nodded approvingly and stood up again.

"I think I have a solution," Piet said with a smile. "Come with me to my studio, and I'll see what I can do."

Gratefully, Anna followed Piet to his studio, where he brought out a collection of colorful paint and brushes. With a steady hand, he began to paint Anna's red heels, carefully applying each layer of paint with a concentrated look on his face.

After a few hours of hard work and creative experimentation, Piet was finally satisfied with the result. He turned to Anna with a broad smile on his face and handed her the shoes.

"Try them on now," he said cheerfully.

Anna put on the shoes and took a few hesitant steps. To her amazement, the thumping sound was gone, replaced by the soft sound of her footsteps against the pavement.

"Oh Piet, you did it!" exclaimed Anna delightedly, hugging her friend. "Thank you so much, you're a true artist!"

Piet smiled modestly and patted her on the back. "It was my pleasure, Anna. I'm glad I could help."

And so, with her new and improved shoes on her feet, Anna continued her journey through the colorful streets of Amsterdam, ready for new adventures and discoveries in the bustling city she called home.

Een Spelletje Verstoppertje

In een rustig dorpje aan de rand van de bossen woonde een groepje kinderen genaamd Noah, Sarah, Lars, en Sophie. Ze waren beste vrienden en brachten hun dagen door met het verkennen van de natuurlijke schoonheid van hun omgeving, vol met geheime paden en verstopte hoekjes om te ontdekken. Op een zonnige zomerdag besloten ze om een spelletje verstoppertje te spelen, een spel dat hen altijd vreugde en avontuur bracht.

Noah, de oudste van de groep, was de eerste die het spel voorstelde. Hij stond op van de picknickdeken waar ze op zaten en riep enthousiast: "Laten we verstoppertje spelen! Wie doet er mee?"

De andere kinderen sprongen meteen op van opwinding. "Ik doe mee!" riep Sarah, terwijl ze haar lange blonde haren uit haar gezicht veegde. "En ik ook!" voegde Lars toe, met een brede grijns op zijn gezicht. Sophie knikte instemmend en sloot zich bij hen aan, haar blauwe ogen twinkelden van opwinding.

Noah, die het spel altijd goed organiseerde, stelde snel de regels vast. "Oké, laten we eerst bepalen wie de zoeker is," zei hij terwijl hij naar zijn vrienden keek. "Ik stel voor dat we een kort potje steen-papier-schaar doen om te beslissen."

De andere kinderen knikten instemmend en gingen in een kring staan. Na een paar snelle rondes van steen-papier-schaar, werd Noah uitgeroepen tot de zoeker. Hij sloot zijn ogen en begon af te tellen terwijl de rest van de kinderen zich verstopten.

"Vijf, vier, drie, twee, één... klaar of niet, hier kom ik!" riep Noah luid, terwijl hij zijn handen voor zijn ogen weghaalde en begon te zoeken naar zijn vrienden.

De andere kinderen renden allemaal weg, op zoek naar de perfecte verstopplek. Sarah glipte weg achter een dikke boomstam, terwijl Lars zich verstopte tussen de struiken. Sophie dook weg achter een stapel oude hooibalen, haar hart bonzend van opwinding terwijl ze wachtte om gevonden te worden.

Noah zocht met volle overgave, zijn ogen scherp op zoek naar een glimp van zijn vrienden. Hij speurde de bossen af, controleerde elke hoek en kier, op zoek naar de perfecte verstopplekken. Na enkele minuten van intensief zoeken, ving hij een glimp op van Sarah, die haar gezicht met moeite achter de boomstam verborg.

"Ik heb je gevonden!" riep Noah triomfantelijk uit, terwijl hij naar Sarah rende en haar een high five gaf. "Nu ben jij de zoeker."

Sarah lachte en knikte instemmend, terwijl ze zich voorbereidde om de nieuwe zoeker te zijn. De andere kinderen kwamen uit hun schuilplaatsen tevoorschijn en verzamelden zich rond Sarah, klaar voor nog een ronde van het spannende spel.

En zo ging het spelletje verstoppertje verder, met de kinderen die elkaar achtervolgden door de bossen, lachend en gillend van opwinding terwijl ze elkaar probeerden te vinden. Het was een middag vol vreugde en avontuur, waarbij de kinderen genoten van elkaars gezelschap en de eenvoudige vreugde van een spelletje verstoppertje in de natuur.

Na verschillende rondes van verstoppertje spelen, begon de zon langzaam onder te gaan aan de horizon, waardoor de lucht gevuld werd met een warme gouden gloed. De kinderen, vermoeid maar gelukkig, besloten om terug te keren naar huis voor het avondeten, hun harten vol warme herinneringen aan een middag vol plezier en avontuur.

A Game of Hide and Seek

In a quiet village on the edge of the woods lived a group of children named Noah, Sarah, Lars, and Sophie. They were best friends and spent their days exploring the natural beauty of their surroundings, full of secret paths and hidden corners to discover. On a sunny summer day, they decided to play a game of hide and seek, a game that always brought them joy and adventure.

Noah, the oldest of the group, was the first to suggest the game. He stood up from the picnic blanket they were sitting on and exclaimed excitedly, "Let's play hide and seek! Who's in?"

The other children jumped up immediately with excitement. "I'm in!" exclaimed Sarah, brushing her long blonde hair out of her face. "Me too!" added Lars, with a wide grin on his face. Sophie nodded in agreement and joined them, her blue eyes twinkling with excitement.

Noah, who always organized the game well, quickly set the rules. "Okay, let's first determine who the seeker is," he said, looking at his friends. "I suggest we do a quick round of rock-paper-scissors to decide."

The other children nodded in agreement and stood in a circle. After a few quick rounds of rock-paper-scissors, Noah was declared the seeker. He closed his eyes and began to count while the rest of the children hid. "Five, four, three, two, one... ready or not, here I come!" Noah shouted loudly as he uncovered his eyes and began to search for his friends.

The other children all ran off, searching for the perfect hiding spot. Sarah slipped away behind a thick tree trunk, while Lars hid among the bushes. Sophie ducked behind a stack of old hay bales, her heart pounding with excitement as she waited to be found.

Noah searched with determination, his eyes sharp as he looked for a glimpse of his friends. He scanned the woods, checking every nook and cranny, looking for the perfect hiding spots. After several minutes of intense searching, he caught a glimpse of Sarah, who was barely hiding her face behind the tree trunk.

"I found you!" Noah exclaimed triumphantly as he ran to Sarah and gave her a high five. "Now you're the seeker."

Sarah laughed and nodded in agreement, preparing to be the new seeker. The other children emerged from their hiding spots and gathered around Sarah, ready for another round of the exciting game.

And so the game of hide and seek continued, with the children chasing each other through the woods, laughing and screaming with excitement as they tried to find each other. It was an afternoon full of joy and adventure, as the children enjoyed each other's company and the simple pleasure of playing hide and seek in nature.

After several rounds of hide and seek, the sun slowly began to set on the horizon, casting a warm golden glow over the sky. The children, tired but happy, decided to return home for dinner, their hearts full of warm memories of an afternoon filled with fun and adventure.

De Zwemmers

In het kleine kustplaatsje genaamd Zeezicht, waar de zilte geur van de zee vermengd werd met het geluid van golven die tegen de kust kabbelden, leefde een diverse gemeenschap van mensen die allen één passie deelden: zwemmen. Of het nu in de vroege ochtendgloren was of tijdens de zwoele avonduren, de zwemmers van Zeezicht voelden zich altijd thuis in het verfrissende water van de zee.

De gemeenschap van Zeezicht werd geleid door een beminnelijke man genaamd Karel, een voormalige Olympische zwemkampioen die zijn passie voor zwemmen had omgezet in een levenslange toewijding aan het delen van zijn liefde voor de zee met anderen. Onder zijn leiding kwamen de zwemmers van Zeezicht samen om te trainen, te socializen en te genieten van de ongerepte schoonheid van de zee.

Op een heldere zomerochtend, toen de zon net boven de horizon uitkwam en de lucht gevuld was met een warme gloed, verzamelden de zwemmers zich op het strand voor hun dagelijkse training. Karel stond aan het hoofd van de groep, zijn vriendelijke ogen schitterend in het ochtendlicht terwijl hij zijn team begroette met een brede glimlach.

"Goedemorgen, zwemmers van Zeezicht!" riep Karel opgewekt uit, zijn stem gedragen door de zachte bries van de zee. "Laten we er vandaag weer een geweldige dag van maken!"

De zwemmers juichten en applaudisseerden, opgewonden om aan hun training te beginnen. Ze trokken hun wetsuits aan, rekten zich uit op het warme zand en maakten zich klaar om het verfrissende water van de zee te betreden.

Terwijl ze het water inliepen, voelden de zwemmers zich één met de zee, hun lichamen glijdend door de golven met de gratie van ervaren zeemeerminnen en zeemeermannen. Ze zwommen langs de kustlijn, hun armen krachtig bewegend terwijl ze de golven trotseerden en hun adem inhielden in anticipatie op wat komen ging.

Plotseling doemde er een uitdaging op aan de horizon - een rotsachtige kaap die uit de zee oprees, zijn ruige oppervlak glinsterend in het ochtendlicht. De zwemmers keken elkaar vastberaden aan, wetende dat dit de perfecte kans was om hun vaardigheden te testen en hun grenzen te verleggen.

Met een vastberaden blik in hun ogen zwommen de zwemmers richting de kaap, hun spieren gespannen van anticipatie terwijl ze de uitdaging aangingen. De golven werden woester naarmate ze dichter bij de kaap kwamen, maar de zwemmers hielden stand, hun vastberadenheid onwankelbaar in het gezicht van de elementen.

Eindelijk bereikten ze de kaap, hun harten bonzend van opwinding terwijl ze het ruige oppervlak beklommen en zich vastklampten aan de rotsen. Ze keken uit over de eindeloze horizon, hun geesten verheven door het gevoel van prestatie en voldoening dat alleen komt door het overwinnen van een uitdaging.

Terwijl ze daar stonden, de warme zon op hun gezichten en de zilte geur van de zee in hun neusgaten, voelden de zwemmers zich één met de natuur, hun harten vervuld van dankbaarheid voor de schoonheid en kracht van de zee.

En terwijl ze terugkeerden naar het strand, hun harten vervuld van trots en voldoening, wisten de zwemmers dat ze meer waren dan alleen individuen - ze waren een gemeenschap, verbonden door hun liefde voor de zee en hun vastberadenheid om samen te groeien, te leren en te gedijen.

The Swimmers

In the small coastal town called Seaview, where the salty scent of the sea mingled with the sound of waves lapping against the shore, lived a diverse community of people who all shared one passion: swimming. Whether it was at the break of dawn or during the balmy evening hours, the swimmers of Seaview always felt at home in the refreshing waters of the sea.

The community of Seaview was led by an amiable man named Karel, a former Olympic swimming champion who had turned his passion for swimming into a lifelong dedication to sharing his love for the sea with others. Under his guidance, the swimmers of Seaview came together to train, socialize, and enjoy the pristine beauty of the sea.

On a clear summer morning, as the sun just rose above the horizon and the air was filled with a warm glow, the swimmers gathered on the beach for their daily training. Karel stood at the head of the group, his kind eyes shining in the morning light as he greeted his team with a broad smile.

"Good morning, swimmers of Seaview!" Karel exclaimed cheerfully, his voice carried by the gentle sea breeze. "Let's make today another great day!"

The swimmers cheered and applauded, excited to begin their training. They donned their wetsuits, stretched out on the warm sand, and prepared to enter the refreshing waters of the sea.

As they waded into the water, the swimmers felt one with the sea, their bodies gliding through the waves with the grace of experienced mermaids and mermen. They swam along the coastline, their arms moving powerfully as they braved the waves and held their breath in anticipation of what was to come.

Suddenly, a challenge loomed on the horizon - a rocky cape rising from the sea, its rugged surface glistening in the morning light. The swimmers looked at each other determinedly, knowing that this was the perfect opportunity to test their skills and push their limits.

With a determined look in their eyes, the swimmers swam towards the cape, their muscles tense with anticipation as they faced the challenge. The waves grew rougher as they approached the cape, but the swimmers held firm, their determination unwavering in the face of the elements.

Finally, they reached the cape, their hearts pounding with excitement as they climbed the rugged surface and clung to the rocks. They looked out over the endless horizon, their spirits uplifted by the feeling of accomplishment and satisfaction that only comes from overcoming a challenge.

As they stood there, the warm sun on their faces and the salty scent of the sea in their nostrils, the swimmers felt one with nature, their hearts filled with gratitude for the beauty and power of the sea.

And as they returned to the beach, their hearts filled with pride and satisfaction, the swimmers knew that they were more than just individuals - they were a community, bound together by their love for the sea and their determination to grow, learn, and thrive together.

De Bakkerij in Rotterdam

In het bruisende hart van Rotterdam, waar de straten gevuld waren met het geluid van voorbijrazende trams en de geur van versgebakken brood in de lucht hing, stond een kleine bakkerij genaamd "De Gouden Kruimel". Deze bakkerij, geleid door de vriendelijke bakker Jan en zijn toegewijde team, stond bekend om zijn heerlijke assortiment brood, gebak en andere lekkernijen die klanten van heinde en verre trokken.

Op een kille herfstochtend, terwijl de ochtendmist langzaam optrok en de straten langzaam ontwaakten, opende Jan de deuren van zijn bakkerij en begon hij met het kneden van het deeg voor zijn beroemde rozijnenbrood. Zijn team van bakkers stond klaar om te helpen, hun handen vliegensvlug bewegend terwijl ze deeg kneedden, taarten bakten en gebakjes versierden met zorgvuldige precisie.

Terwijl de ochtend vorderde, begonnen de klanten langzaam binnen te druppelen, hun neuzen getrokken door de heerlijke geur van versgebakken brood die uit de bakkerij waaide. Ze werden begroet door Jan, wiens vriendelijke glimlach en warme begroetingen hen meteen op hun gemak stelden terwijl ze hun favoriete lekkernijen uitkozen uit de uitgestalde vitrines.

Een van de vaste klanten van de bakkerij was een oudere vrouw genaamd Sophie, wiens liefde voor Jan's rozijnenbrood haar elke ochtend naar de bakkerij bracht. Ze was een vriendelijke ziel, met een vrolijke glimlach en een hart van goud, en ze genoot ervan om haar ochtenden door te brengen met het praten met Jan en zijn team terwijl ze haar favoriete brood kocht.

Op een ochtend, terwijl Sophie haar gebruikelijke rozijnenbrood kocht, viel haar oog op een jonge vrouw die verlegen in de hoek van de bakkerij stond, haar ogen aarzelend over de verschillende lekkernijen latend dwalen. Ze leek onzeker over wat ze moest kiezen, haar handen zenuwachtig frunnikend terwijl ze naar de verschillende opties keek.

Sophie, die altijd vriendelijk was tegen nieuwkomers, besloot om naar de jonge vrouw toe te gaan en haar te helpen bij het maken van haar keuze. Met een vriendelijke glimlach stapte ze op haar af en begon ze een praatje te maken, haar aan te moedigen om te delen waar ze naar op zoek was.

De jonge vrouw, die zichzelf voorstelde als Maria, glimlachte verlegen en legde uit dat ze nieuw was in de stad en op zoek was naar een speciaal gebakje om haar nieuwe start te vieren. Sophie luisterde aandachtig naar haar verhaal, haar hart verwarmd door de oprechtheid en vriendelijkheid van de jonge vrouw.

Met een twinkeling in haar ogen stelde Sophie voor om Maria te helpen bij het kiezen van het perfecte gebakje. Samen liepen ze langs de vitrines, Sophie die enthousiast de verschillende lekkernijen aanprees terwijl ze de unieke smaken en texturen van elk gebakje beschreef.

Uiteindelijk viel Maria's oog op een prachtig versierd stuk appeltaart, met zijn gouden korst en romige vulling die haar meteen deed watertanden. Met een glimlach van oor tot oor besloot ze om het stuk appeltaart te kopen, haar hart vervuld van opwinding bij de gedachte aan haar eerste hap van de heerlijke lekkernij.

Terwijl Maria haar stuk appeltaart afrekende, bedankte ze Sophie hartelijk voor haar hulp en vriendelijkheid. Sophie glimlachte breed en knipoogde naar haar, haar hart vervuld van vreugde bij het zien van de glimlach op Maria's gezicht.

Later die dag, terwijl Maria genoot van haar stuk appeltaart in het comfort van haar nieuwe huis, voelde ze zich diep dankbaar voor de vriendelijkheid en warmte die ze had gevonden in de bakkerij van Jan. En terwijl ze genoot van elke heerlijke hap, wist ze dat ze altijd een speciale plek in haar hart zou hebben voor de bakkerij en de vriendelijke zielen die haar daar hadden verwelkomd.

En zo ging het leven in de bakkerij van Jan in Rotterdam rustig verder, gevuld met de warmte van vriendschap, de zoetheid van lekkernijen en de vreugde van het delen van liefde en vriendelijkheid met anderen. Want in een wereld vol haast en stress, was de bakkerij van Jan een oase van rust en vreugde, waar iedereen welkom was en waar de geuren van versgebakken brood altijd zouden blijven lokken en verleiden.

The Bakery in Rotterdam

In the bustling heart of Rotterdam, where the streets were filled with the sound of passing trams and the scent of freshly baked bread hung in the air, stood a small bakery called "The Golden Crumb." This bakery, led by the friendly baker Jan and his dedicated team, was known for its delicious assortment of bread, pastries, and other treats that attracted customers from far and wide.

On a chilly autumn morning, as the morning mist slowly lifted and the streets began to awaken, Jan opened the doors of his bakery and began kneading the dough for his famous raisin bread. His team of bakers was ready to assist, their hands moving swiftly as they kneaded dough, baked cakes, and decorated pastries with careful precision.

As the morning progressed, customers began to trickle in, their noses drawn by the delicious scent of freshly baked bread wafting from the bakery. They were greeted by Jan, whose friendly smile and warm greetings immediately put them at ease as they selected their favorite treats from the displayed showcases.

One of the regular customers of the bakery was an elderly woman named Sophie, whose love for Jan's raisin bread brought her to the bakery every morning. She was a kind soul, with a cheerful smile and a heart of gold, and she enjoyed spending her mornings chatting with Jan and his team while purchasing her favorite bread.

One morning, as Sophie was purchasing her usual raisin bread, her eye caught a young woman standing shyly in the corner of the bakery, her eyes hesitantly wandering over the various treats. She seemed unsure of what to choose, her hands nervously fidgeting as she looked at the different options.

Sophie, always friendly to newcomers, decided to approach the young woman and help her make her choice. With a friendly smile, she approached her and struck up a conversation, encouraging her to share what she was looking for.

The young woman, introducing herself as Maria, smiled shyly and explained that she was new to the city and was looking for a special pastry to celebrate her fresh start. Sophie listened attentively to her story, her heart warmed by the sincerity and kindness of the young woman.

With a twinkle in her eye, Sophie suggested helping Maria choose the perfect pastry. Together, they walked past the showcases, Sophie enthusiastically praising the various treats as she described the unique flavors and textures of each pastry.

Eventually, Maria's eye fell on a beautifully decorated piece of apple pie, with its golden crust and creamy filling immediately making her mouth water. With a smile from ear to ear, she decided to purchase the piece of apple pie, her heart filled with excitement at the thought of her first bite of the delicious treat.

As Maria paid for her piece of apple pie, she thanked Sophie warmly for her help and kindness. Sophie smiled broadly and winked at her, her heart filled with joy at seeing the smile on Maria's face.

Later that day, as Maria enjoyed her piece of apple pie in the comfort of her new home, she felt deeply grateful for the kindness and warmth she had found in Jan's bakery. And as she savored every delicious bite, she knew that she would always have a special place in her heart for the bakery and the kind souls who had welcomed her there.

And so life in Jan's bakery in Rotterdam continued peacefully, filled with the warmth of friendship, the sweetness of treats, and the joy of sharing love and kindness with others. For in a world filled with haste and stress, Jan's bakery was an oasis of calm and joy, where everyone was welcome and where the scents of freshly baked bread would always continue to beckon and tempt.

Ontbijt in Amsterdam

In de vroege ochtenduren, wanneer de straten van Amsterdam nog gehuld waren in een zachte sluier van mist en de grachten glinsterden onder het eerste licht van de dag, ontwaakte de stad langzaam uit haar sluimer. Het geluid van fietsbellen en de geur van versgebakken brood vulden de lucht, terwijl de bewoners zich voorbereidden op een nieuwe dag vol avontuur en mogelijkheden.

Een van die bewoners was Sophie, een jonge vrouw die al jaren in Amsterdam woonde en hield van de rustige ochtenden in de stad. Elke ochtend begon ze haar dag met een stevig ontbijt in haar favoriete café aan de gracht, waar ze genoot van de heerlijke gerechten en de gezellige sfeer.

Op een bijzonder mooie ochtend besloot Sophie om haar vriendin Anna uit te nodigen voor een ontbijt in haar geliefde café. Anna was net teruggekeerd uit het buitenland en Sophie kon niet wachten om haar alles te vertellen over haar avonturen en om haar kennis te laten maken met de charme van Amsterdam.

Samen liepen ze door de kronkelende straatjes van de stad, hun adem zichtbaar in de koele ochtendlucht terwijl ze genoten van de rustige schoonheid van de stad. Uiteindelijk bereikten ze het café aan de gracht, waar de geur van versgemalen koffiebonen hen tegemoet kwam en hen uitnodigde naar binnen te gaan.

Eenmaal binnen werden ze begroet door de vriendelijke ober, die hen naar een gezellig tafeltje bij het raam leidde. Sophie en Anna namen plaats en bekeken de uitgebreide menukaart, vol met heerlijke ontbijtgerechten en verleidelijke lekkernijen.

Na lang nadenken besloten ze om te beginnen met een mandje versgebakken croissants, begeleid door een royale portie Hollandse kaas en een assortiment huisgemaakte jam. Terwijl ze genoten van hun ontbijt, deelden ze verhalen en herinneringen, lachten ze om oude grappen en keken ze uit naar de avonturen die nog zouden komen.

Breakfast in Amsterdam

In the early hours of the morning, when the streets of Amsterdam were still shrouded in a soft veil of mist and the canals sparkled under the first light of the day, the city slowly awakened from its slumber. The sound of bicycle bells and the scent of freshly baked bread filled the air as the residents prepared for a new day full of adventure and possibilities.

One of those residents was Sophie, a young woman who had been living in Amsterdam for years and loved the quiet mornings in the city. Every morning, she started her day with a hearty breakfast at her favorite canal-side café, where she enjoyed the delicious dishes and the cozy atmosphere.

On a particularly beautiful morning, Sophie decided to invite her friend Anna for breakfast at her beloved café. Anna had just returned from abroad, and Sophie couldn't wait to tell her all about her adventures and to introduce her to the charm of Amsterdam.

Together, they walked through the winding streets of the city, their breath visible in the cool morning air as they enjoyed the quiet beauty of the city. Eventually, they reached the café by the canal, where the aroma of freshly ground coffee beans greeted them and invited them inside.

Once inside, they were greeted by the friendly waiter, who led them to a cozy table by the window. Sophie and Anna took their seats and perused the extensive menu, filled with delicious breakfast dishes and tempting treats.

After much deliberation, they decided to start with a basket of freshly baked croissants, accompanied by a generous portion of Dutch cheese and an assortment of homemade jams. As they enjoyed their breakfast, they shared stories and memories, laughed at old jokes, and looked forward to the adventures yet to come.

De Haarsnit

In de levendige straten van Den Haag, waar het geluid van fietsbellen vermengd werd met het vrolijke gepraat van voorbijgangers, bevond zich een kleine kapsalon genaamd "De Gouden Schaar." Deze kapsalon, geleid door de bedreven kapper Piet en zijn toegewijde team, stond bekend om zijn vakmanschap en zijn vermogen om de wensen van elke klant te vervullen.

Op een rustige middag wandelde Lisa, een jonge vrouw met een onstuimige bos krullend haar, de kapsalon binnen. Ze was al lang van plan geweest om haar haar te laten knippen, maar had altijd geaarzeld om de stap te zetten. Met een zenuwachtige glimlach stapte ze naar voren en sprak ze Piet aan, die haar hartelijk begroette en haar uitnodigde om plaats te nemen in de kappersstoel.

Terwijl Lisa plaatsnam, keek ze naar zichzelf in de spiegel en overwoog ze wat voor soort haarsnit ze wilde. Ze had altijd al een korte coupe willen proberen, maar durfde nooit de sprong te wagen. Met een bemoedigende glimlach stelde Piet voor om samen te bespreken wat ze in gedachten had.

Na een kort gesprek besloten ze om voor een gedurfde nieuwe look te gaan - een korte pixie-cut die Lisa's krullen zou accentueren en haar een frisse, moderne uitstraling zou geven. Met een zenuwachtig hart stemde Lisa in en keek ze toe terwijl Piet zijn schaar tevoorschijn haalde en begon te knippen.

Terwijl de schaar door haar haar gleed, voelde Lisa een golf van opwinding en bevrijding door haar heen stromen. Het voelde alsof ze een nieuw hoofdstuk in haar leven begon, vol mogelijkheden en avonturen.

Terwijl Piet zijn werk voltooide, keek Lisa naar haar nieuwe look in de spiegel en glimlachte breed. Ze voelde zich levendiger en zelfverzekerder dan ooit tevoren.

Toen Lisa de kapsalon verliet, voelde ze zich als herboren. Haar nieuwe haarsnit gaf haar een gevoel van kracht en vastberadenheid, alsof ze de wereld aankon met een frisse blik en een nieuwe houding. Terwijl ze door de straten van Den Haag liep, voelde ze de blikken van bewondering en hoorde ze de complimenten die haar werden toegeworpen. Het was alsof ze een nieuwe versie van zichzelf had ontdekt, vol vertrouwen en klaar om alles aan te pakken wat het leven haar te bieden had.

En zo ging het leven van Lisa verder, gevuld met nieuwe ervaringen en avonturen, terwijl ze de wereld tegemoet trad met een nieuwe haarsnit en een hernieuwd gevoel van zelfvertrouwen. Want soms kan een kleine verandering aan de buitenkant een grote impact hebben op hoe we ons van binnen voelen, en Lisa wist dat haar nieuwe haarsnit haar had geholpen om een krachtiger en zelfverzekerder versie van zichzelf te worden.

The Haircut

In the lively streets of The Hague, where the sound of bicycle bells mingled with the cheerful chatter of passersby, there was a small hair salon called "The Golden Scissors." This salon, led by the skilled barber Piet and his dedicated team, was known for its craftsmanship and its ability to fulfill the wishes of every customer.

One quiet afternoon, Lisa, a young woman with a wild mane of curly hair, walked into the salon. She had long been thinking about getting her hair cut, but had always hesitated to take the plunge. With a nervous smile, she approached Piet, who greeted her warmly and invited her to take a seat in the barber's chair.

As Lisa took her seat, she looked at herself in the mirror and considered what kind of haircut she wanted. She had always wanted to try a short style, but never dared to take the leap. With an encouraging smile, Piet suggested discussing what she had in mind.

After a brief conversation, they decided to go for a bold new look - a short pixie cut that would accentuate Lisa's curls and give her a fresh, modern appearance. With a nervous heart, Lisa agreed and watched as Piet took out his scissors and began to cut.

As the scissors glided through her hair, Lisa felt a wave of excitement and liberation wash over her. It felt like she was starting a new chapter in her life, full of possibilities and adventures. As Piet finished his work, Lisa looked at her new look in the mirror and smiled broadly. She felt more alive and confident than ever before.

When Lisa left the salon, she felt reborn. Her new haircut gave her a sense of strength and determination, as if she could take on the world with a fresh perspective and a new attitude. As she walked through the streets of The Hague, she felt the admiring glances and heard the compliments that were thrown her way. It was as if she had discovered a new version of herself, full of confidence and ready to tackle whatever life had to offer.

And so Lisa's life continued, filled with new experiences and adventures, as she faced the world with a new haircut and a renewed sense of confidence. Because sometimes a small change on the outside can have a big impact on how we feel on the inside, and Lisa knew that her new haircut had helped her become a stronger and more confident version of herself.